Plzeň

Plzeň

Uměleckohistorická procházka
západočeskou metropolí

František Frýda · Jan Mergl

Obsah

strana 2:
Ulice Bedřicha
Smetany, pohled od
náměstí Republiky, ve
večerním světle

Přehled dějin

Podobu hradeb nám dokumentují dobové veduty, především pohled na město z roku 1536 z cestopisu falckého vévody Ottheinricha

Plzeň leží v historické kulturní krajině, jejíž podoba byla utvářena lidmi od nejstarších dob. Archeologické výzkumy prokázaly husté osídlení této krajiny v době bronzové a halštatské i následné osídlení keltskými kmeny. Slovanské obyvatelstvo přicházelo do západních Čech v 7. a na počátku 8. století. Na výhodných polohách budovalo opevněná sídla, která se stala středisky politické, hospodářské i vojenské moci kmenových knížat. Počátky křesťanství jsou spojeny s pokřtěním čtrnácti „českých vévodů" a jejich družin na dvoře Ludvíka Němce v Řezně roku 845. Jednalo se zřejmě převážně o kmenová knížata z oblasti západních Čech.

Nejstarší slovanské hradiště na území dnešní Plzně stálo na východním okraji plzeňské kotliny (dnes Plzeň – Bukovec) již na konci 8. století. Na počátku 10. století je nahradilo opevnění na vrchu Hůrka nad řekou Úslavou, které se pod názvem Plzeň stalo správním centrem přilehlé oblasti. Německý kronikář Thietmar Merseburský jmenuje Plzeň jako hrad a město k roku 976, kdy zde bylo poraženo bavorské vojsko ve službách císaře Otty II., které do Čech pronásledovalo bavorského vévodu Jindřicha; ten se po sporu s císařem uchýlil k českému knížeti Boleslavu II. V 1. polovině 13. století patřily hrad a podhradí na obou stranách řeky jako vznikající městská aglomerace s osmi kostely po Praze k nejvýznamnějším ekonomickým a politickým centrům pod vládou českého knížecího rodu Přemyslovců. Význam přemyslovského správního hradu v západních Čechách dokládá i skutečnost, že na počátku 11. století byla v Plzni mincovna razící denáry byzantského vzoru s nápisem PZIZENCIVO.

Geomorfologická situace, nevhodný terén a rozsáhlé záplavové území řeky nedovolovaly přestavbu na opevněné město vrcholného středověku a proto bylo panovníkem, pravděpodobně králem Přemyslem Otakarem II., rozhodnuto založit koncem 13. století nové město na soutoku řek Mže a Radbuzy. Založení Nové Plzně, tj. dnešní Plzně, dokončil syn Přemysla Otakara II., pozdější král Václav II. Z původní Plzně – dnešního Starého Plzence – se dochovaly relikty knížecího hradiště, rotunda sv. Petra a Pavla na hradišti a dva kostely v podhradí. Stará Plzeň se pak v dalších stoletích stala jen malým, nejprve komorním a posléze poddanským městečkem. Výstavba Nové Plzně probíhala podle tehdejších urbanistických zásad na pravidelném půdorysе. Město bylo založeno na terase nad soutokem řek, poblíž přechodu přes Radbuzu a zahrnulo i malou osadu při tomto brodu, doloženou archeologickými nálezy. Nové město bylo vybudováno velkoryse na ploše více než

20 hektarů a plocha uvnitř hradeb byla rozdělena na 290 domovních parcel a pozemky dvou klášterů. V severozápadní části vznikl klášter řádu dominikánů, v jihovýchodní část byl vybudován minoritský klášter. Základem městského půdorysu je pravidelné uspořádání v podobě pravoúhlého křížení ulic. Pouze na východní straně při brodu přes řeku Radbuzu uhýbá opevnění města rameni řeky, které zde sloužilo jako vodní příkop; řeka zároveň zajišťovala pohon městských vodních mlýnů. Uprostřed města byla vyčleněna plocha pro nezvykle velké náměstí o rozloze 193 x 139 metrů. Výstavba městského opevnění byla zcela určitě zahájena již v počátcích budování města, tj. na sklonku 13. století. První písemná zmínka je až z roku 1322 a souvisí s udělením patronátních práv králem Janem Lucemburským řádu německých rytířů, a sice ke kostelu Všech svatých „extra muros" a dceřinnému kostelu sv. Bartoloměje na náměstí „infra muros". Do Nové Plzně přicházelo obyvatelstvo z okolních vsí a městeček a postupně i vzdálenějších míst. Město se rychle stalo řemeslnickým a obchodním centrem celé oblasti a využívalo své výhodné polohy na hlavní zemské stezce, vedoucí z Prahy do Bavorska. Významné byly hospodářské a obchodní styky Plzně a Norimberku, které trvaly od 14. do počátku 17. století. Město a jeho obyvatelé také vlastnili rozsáhlé zemědělské pozemky, které zabezpečovaly zásobování města potravinami. Nejpočetněji zastoupenými řemesly byly zpočátku sladovnictví, řeznictví a soukenictví. Hospodářský rozvoj po husitských válkách ještě posílila listina císaře a krále Zikmunda Lucemburského z 19. září 1434, který odměnil plzeňské měšťany za obranu města proti husitům osvobozením Plzně od placení královské berně, daroval jim výnosy z cla a mýtného ve městě a osvobodil je od placení cel, mýt a poplatků za zboží v celé říši a v Českém království.

Během první poloviny 14. století byly kolem celého města postupně vybudovány hradby, zesílené hranolovými a půlválcovými baštami. Vstup do města

Freska s pohledem na Plzeň od severu z let 1510–1520 ze zrušeného dominikánského kláštera, dnes v kapitulní síni františkánského kláštera.

zajišťovaly čtyři průjezdní brány na každé straně města. Nejsložitější brána s rozlehlým barbakanem byla na východní straně, kudy vedla zemská stezka do Prahy. Poblíž této brány vznikl ve 20. letech 14. století městský špitál s kostelíkem sv. Máří Magdaleny, založeným v roce 1322. Koncem 18. století byl zrušen a zbořen. Opevnění sehrálo významnou roli při opakovaném obléhání města za husitských válek na počátku 15. století. V listopadu roku 1419 se z Prahy do Plzně uchýlil husitský hejtman Jan Žižka, který zde chtěl vybudovat centrum husitského hnutí. Mezi měšťany a nově příchozími husity však záhy vznikaly neshody. Na jaře roku 1420 oblehlo Plzeň vojsko Václava z Dubé, který po krátkém jednání umožnil Žižkovi odchod do jižních Čech na nově založené město Tábor. Majetek plzeňských husitů byl zabaven a věnován císařem městu k náhradě škod a opravě městských hradeb. V únoru 1421 znovu husitské vojsko pod vedením Žižky oblehlo Plzeň, vypálilo městská předměstí a částečně poškodilo hradby. Po uzavření příměří, pod slibem podpory při jednáních s císařem Zikmundem, bylo obléhání přerušeno. Nejvýznamnější obléhání města husity zahájila spojená sirotčí a táborská vojska v červenci 1433.

Trvalo do května 1434 a husitům se přes rozsáhlé použití praků a děl nepodařilo město dobýt. Od těchto událostí zůstala Plzeň již trvale na straně katolické církve a habsburských panovníků. To se plně projevilo v letech 1449, kdy se Plzeň stala členem jednoty strakonické a vypověděla poslušnost volenému českému králi Jiřímu z Poděbrad, a 1469, kdy uznala českým králem Matyáše Uherského. Ještě v roce 1578 se vlivem šíření protestantského hnutí městská rada usnesla, že měšťanem Plzně nesmí být žádný nekatolík. Opevnění bylo v dalších desetiletích opravováno, nebylo však zásadně modernizováno proti nastupujícím palným zbraním. Podobu města a jeho opevnění v polovině 16. století dobře dokumentuje veduta Plzně z roku 1536 z tzv. Würzburského kodexu; dalšími dokumenty jsou veduty ze 17. století.

V důsledku rozvoje obchodu v celé Evropě je konec 15. a následující 16. století také dobou růstu hospodářské, kulturní i politické moci českých měst. V 70. letech 15. století byla v Plzni podle vzoru Guttenbergovy tiskárny založena první tiskárna na území Čech. V polovině 16. století proniká do Plzně renesanční umělecký sloh. Velká část budov ve městě byla přestavěna v tomto slohu, mnohé z nich se dodnes dochovaly na plzeňském náměstí. V Plzni působila řada severoitalských stavitelů, zedníků a kameníků, kteří přišli z Prahy nebo z Kaceřova po dostavbě Gryspekova zámku. Mnozí se v Plzni usadili a stali se zdejšími měšťany. Nejvýznamnějšími z nich byli Giovanni de Statia a Jan (Giovanni) Merlian. Nejhonosnější renesanční stavbou v Plzni se stala budova nové radnice na náměstí. Dochovala se i řada pozdně gotických a renesančních uměleckých děl z tohoto období, vzešlých již z produkce místních uměleckých dílen.

Význam města stoupl ještě více, když v roce 1599 přenesl své sídlo z Prahy do Plzně římský císař a český, uherský a chorvatský král Rudolf II. Panovník setrval v Plzni se svým dvorem celý rok, do léta roku 1600. Pobýval ve dvou do-

mech v sousedství radnice a dle pověsti si přes ně nechal postavit lávku až k hradbám, aby se mohl procházet neobtěžován davem. Plzeň se tak na toto krátké období stala hlavním městem nejen českého království, ale celé římské říše.

Po vypuknutí českého stavovského povstání zůstala Plzeň věrná císaři a katolické církvi. Český král Fridrich Falcký vyslal v létě roku 1618 stavovské vojsko pod velením hraběte Arnošta z Mansfeldu. Plzeň obléhání podlehla, 21. listopadu 1618 byla dobyta a až do dubna 1621 zůstala obsazena stavovskou posádkou. Obležení a dobytí Plzně bylo první významnější bitvou, která předznamenala třicetiletou válku. Od prosince 1633 do února 1634 pobýval v Plzni generalissimus císařských vojsk vévoda Albrecht z Valdštejna, jemuž na plzeňské radnici důstojníci přísahali věrnost. Po odchodu do Chebu byl krátce poté zavražděn. Zanedlouho, v roce 1635, vypukla ve vyhladovělé a zpustošené Plzni epidemie moru, která se opakovala ještě v letech 1648 a 1680 a znovu decimovala obyvatelstvo, zasažené válečnými událostmi a opakující se neúrodou.

Plzeň byla událostmi třicetileté války poškozena především hospodářsky. Celé okolí města trpělo drancováním válčících armád. Mnoho vsí a městeček v západních Čechách zaniklo.

Koncem 17. a v průběhu 18. století dochází k rozsáhlé přestavbě města v barokním slohu. Hospodářský význam města však v tomto období poklesl. V roce 1757 bylo ve městě o polovinu méně obyvatel než na počátku 15. století. Snahy obnovit hospodářství města vedly k zakládání městských podniků; byly to především železné hutě v Horomyslicích u Dýšiny a hamry v Chrástu a Hradišti. Plzeňské železárny měly vliv na rozvoj obchodu. Další příjem přinášely městské dvory, kterých mělo město v roce 1740 devět, a dále pět ovčínů, které dodávaly vlnu pro soukenické dílny. Významný byl také městský vrchnostenský pivovar, který vařil především pro čeleď dvorů a dělníky železáren; část jeho produkce se ovšem prodávala i v hospodách ve městě. Výstav městského vrchnostenského pivovaru však představoval jen asi třetinu piva, které uvařili právovárečtí měšťané. Vrchnostenské podnikání bylo pro město velkým přínosem a umožnilo splacení válečných dluhů, stavební úpravy ve městě i dobrou životní úroveň měšťanů. V roce 1750 bylo na příkaz císařovny Marie Terezie vrchnostenské hospodaření města pronajato jednotlivým měšťanům a krátce nato zcela odprodáno.

Hospodářské oslabení města po třicetileté válce, stále silnější vliv lokálního zemědělství v hospodaření města, úpadek řemeslné výroby a individuálního měšťanského podnikání se následně projevily i v poklesu kulturního dění. Literární tvorba se nyní omezovala převážně na kázání, náboženské výklady a životy svatých. Jediným významnějším dílem tohoto období je kronika města Plzně – *Historiea urbis Plsnae* od Jana Bartoloměje Tannera. Stavební a umělecké projevy baroku nepřesáhly v Plzni regionální a lokální rozměr. Významným barokním stavitelem zde byl plzeňský měšťan italského původu Jakub Auguston mladší, který je tvůrcem většiny barokních staveb v Plzni, ale i v celých jihozápadních Čechách. Auguston čer-

Plzeň byla důležitým
železničním uzlem s
největší železniční
opravnou v
Rakousku-Uhersku,
zde na pohlednici
z roku 1913.

pal podněty z díla Santiniho, Alliprandiho a Fischera z Erlachu, ale jeho dílo je jakoby asketické, umírněné, bez rozevlátosti a iluzionismu. Barokní sochařství je spojeno se jménem Lazara Widmana, dále pak J. B. Platzera, jehož sochy však nedosahují Widmanovy umělecké úrovně. Z malířů je nutno zmínit vynikajícího tvůrce nástěnných maleb Františka Julia Luxe.

Teprve s nástupem průmyslové revoluce na počátku 19. století dochází k novému rozmachu. Od roku 1848 jsou bořeny městské hradby a na místě bývalých opevňovacích příkopů vznikají městské sady. Tyto změny umožnily růst města do okolí. Vznikají nové podniky, založené na průmyslové výrobě i distribuci. V roce 1827 je založena koželužna D. L. Levita, která byla třetí největší koželužnou v Čechách. Roku 1842 byl založen Měšťanský pivovar, výrobce světoznámé značky Pilsner Urquell, a v roce 1859 založil hrabě Valdštejn v Plzni pobočku své slévárny a strojírny, kterou v roce 1869 odkoupil Emil Škoda a která během tří desítek let vyrostla v průmyslový gigant Škoda. Na konci 19. století byla firma Škoda Plzeň největším průmyslovým podnikem Rakouska-Uherska. Značky Pilsner Urquell a Škoda dostaly Plzeň do povědomí celého světa. Na

tyto velké podniky navazovala celá řada menších továren.

V letech 1861–1862 spojila Česká západní dráha Prahu, Plzeň a bavorský Furth im Wald, roku 1868 získala Plzeň železniční spojení s Českými Budějovicemi a Vídní, 1872 s Chebem, 1873 se Žatcem a 1878 s Bavorskem přes Železnou Rudu. Plzeň se tak stala i důležitým dopravním a obchodním střediskem. Počet obyvatelstva výrazně stoupl, v okolí historického jádra v této době vznikají nové bloky obytných domů a vilové čtvrti.

Na konci 19. století nastává v Plzni prudký rozvoj podnikání, obchodu, výstavby veřejných budov a dochází k nárůstu společenského života. Z této doby pocházejí honosné budovy divadla, muzea, nových kostelů a nové židovské synagogy. Průmyslová Plzeň však má i kulturní tvář, spojenou již s národním obrozením na počátku 19. století a s rozvojem české kultury v jeho průběhu. V roce 1832 tu bylo postaveno kamenné divadlo a otevřena nemocnice. V Plzni studoval a zahájil svou tvorbu skladatel Bedřich Smetana, působil zde a roku 1856 zemřel Josef Kajetán Tyl, zakladatel novodobého českého divadla. Na počátku 20. století pak proslavili tradice plzeňského loutkářství Jiří Trnka a Josef Skupa se svými světově pro-

slulými loutkami. V celém tomto období žije v Plzni i početná německá menšina, která se aktivně účastní hospodářského a kulturního života města. V roce 1864 žilo v Plzni 4 304 obyvatel, hlásících se k německé národnosti, a 19 769 českých obyvatel. Německá menšina sestávala především z obchodníků, průmyslníků, úředníků a vojáků.

Po první světové válce dochází k dalšímu rozvoji města jak po stránce ekonomické, tak kulturní. V období po vzniku Československé republiky se Plzeň rozrůstá do okolí a jsou k ní připojovány okolní vesnice. Plzeň se stává jedním z nejvýznamnějších průmyslových měst, především továrny Škoda výrazně ovlivňují hospodářský růst státu.

Rozvoj města ovšem přerušily události druhé světové války. Úřady a kulturní organizace byly během války spravovány německými správci. V roce 1942 bylo židovské obyvatelstvo Plzně deportováno do tábora v Terezíně a do jiných koncentračních táborů. Na konci války bylo město bombardováno spojeneckými vojsky, která se snažila ochromit jeho průmyslovou výrobu, stále zásobující válčící Německo. Proběhlo jedenáct náletů na město, především na Škodovy závody a plzeňský dopravní uzel s nákladovým nádražím. Při náletech bylo zabito 926 osob a zničeno či poškozeno 6 700 domů. 6. května 1945 byla Plzeň osvobozena americkou armádou. Po nástupu komunismu v roce 1948 došlo k jednostrannému zaměření Plzně na průmyslovou výrobu koncernu Škoda, přejmenovaného na Závody V. I. Lenina. Plzeň se stala tzv. černým městem a společenský a kulturní život byl na pokraji zájmu představitelů moci. 1. června roku 1953 došlo k demonstraci plzeňského obyvatelstva proti měnové reformě a vládnoucímu režimu, která byla potlačena milicemi a státními bezpečnostními složkami. Následné perzekuce účastníků demonstrace postihly značné množství plzeňských rodin. Byl stržen a zničen pomník zakladatele Československé republiky T. G. Masaryka. V okolí historického města vznikala od roku 1957 řada standardizovaných sídlišť a do Plzně přicházelo množství obyvatel z venkova, kteří k městu neměli vlastenecký vztah. Roku 1972 v Plzni bydlelo 150 tisíc obyvatel především v okrajových sídlištích a centrum města se postupně vylidňovalo. Až po roce 1990 došlo k obratu v myšlení obyvatel. Historické budovy byly postupně opraveny, rozšířila se plocha zeleně a zanedbaná, šedivá Plzeň se proměnila v moderní evropské město.

Plzeň – středověká pevnost

Městské hradby byly budovány od počátků města na přelomu 13. a 14. století. Během 1. poloviny 14. století byly vystavěny celé hradby včetně bran. Jejich pozůstatky lze spatřit v městských sadech na východní straně města. Opevnění tvořila hradba z pískovcových kvádrů s předsunutou parkánovou zdí. Hradba byla zesílena hranolovými a půlválcovými baštami. Pevnost díla byla prověřena při husitských obléháních v první čtvrtině 15. století, kdy se město i přes značné poškození hradeb nepodařilo dobýt. Opevnění pak bylo postupně opraveno, nebylo však zásadně modernizováno k obraně před stále dokonalejšími palnými zbraněmi. Důvodů bylo více. Byla to jednak nechuť plzeňských měšťanů investovat do přestavby opevnění, jehož funkčnost prověřilo husitské obléhání, ale současně i skutečnost, že poloha města na soutoku dvou řek, která byla strategickou výhodou na přelomu 13. a 14. století, na konci 15. a v 16. století komplikovala modernizaci opevnění. Předměstí byla zasta-

věna a volné pozemky zemědělsky využívány. Podobu těchto opevnění i hradeb poměrně dobře dokumentují veduty Plzně, především pohled na město z roku 1536 z cestopisu falckého vévody Ottheinricha z Würzburského kodexu. Roku 1618 zastaralé opevnění nevydrželo obléhání stavovskými vojsky savojského vévody pod velením hraběte Arnošta Mansfelda a město bylo dobyto, když vojsko rozstřílelo hradby u františkánského kláštera. Pád Plzně, proslulé městské pevnosti, byl významnou událostí. Poslední pokus obnovit a modernizovat opevnění Plzně je spojen se jménem císařského plukovníka Johanna de la Corona, který v roce 1658 zpracoval projekt nového opevnění. Jeho výstavba však nikdy nebyla dokončena a v císařských plánech se s Plzní jako městskou pevností již nepočítalo. Městská děla byla zrekvírována nebo prodána. Boření městských hradeb za purkmistra Martina Kopeckého v první polovině 19. století téměř setřelo charakter opevněného města. Do konce 19. století se dochovala hradební zeď na jihovýchodním rohu města za františkánským klášterem, byla však zbořena při stavbě muzea. Její zbytek byl při rekonstrukci muzea znovu zpřístupněn v expozici v suterénu muzejní budovy. Další část hradby je vidět na východní straně města v dnešních Šafaříkových sadech a část bastionu ze 17. století je dochována za Pivovarským muzeem v Sadech 5. května na severní straně historického jádra města.

V Plzni se dochovala středověká městská zbrojnice, založená císařem Karlem IV. v roce 1363 a rozšiřovaná až do třicetileté války. V 18. století ztrácí měšťanská domobrana, městské zbrojnice a městské dělostřelectvo svůj význam a výzbroj je odprodávána jako nepotřebná surovina. Na konci 18. století se i Plzeň zbavuje dělostřelecké výzbroje. Císařská vizitace českých pevnostních měst v únoru 1778 konstatovala nepoužitelnost Plzně pro vojenské účely a ještě téhož roku získalo město povolení k rušení hradeb. Z rozsáhlé výzbroje plzeňských měšťanů zůstal zachován jen historický fond od konce 14. do poloviny 17. století, který je dnes vystaven v samostatné expozici v budově Západočeského muzea v Plzni.

Dochovaná část městské zbrojnice obsahuje několik celků. Nejvýznamnější z nich je soubor pětadvaceti ručních palných zbraní z přelomu 14. a 15. století, které patří k nejucelenější kolekci palných zbraní v Evropě. Tyto první palné zbraně mají kovanou železnou hlaveň, vykovanou na trn na hamru. Hlaveň je u většiny pušek zakončena nakovaným hákem, jehož funkcí bylo zmírnit účinky zpětného rázu při výstřelu. Některé z pušek jsou označeny na hlavních nebo háku značkou zbrojíře, který je zhotovil. Mladší část zbrojnice tvoří hákovnice a polohákovnice z poloviny 16. století. Nejmladší část zbrojnice pak tvoří muškety s doutnákovým zámkem z období třicetileté války.

Fond zbraní je doplněn přilbami a souborem odění horní poloviny těla; měšťan bránil město skryt za hradbami, proto nebyla nutná celá zbroj. Převážná část odění pochází z 16. a počátku 17. století a je původem značně rozmanitá. Zbroj byla nakupována zřejmě příležitostně od různých vlastníků. Jsou zde produkty dílen německých i rakouských. Po založení Městského historického muzea byla zbrojnice věnována do jeho sbírek. Od 40. do 70. let 20. století však byla uložena v nevyhovujících podmínkách, proto byla od roku 1973 celkově restaurována. V roce 1995 byla při sedmistém výročí založení města vystavena v samostatné tematické expozici v nově rekonstruované budově Západočeského muzea v Plzni.

Kostel sv. Bartoloměje (1)

První zmínka o existenci kostela sv. Bartoloměje na plzeňském hlavním náměstí se váže k roku 1307. V té době byl však ještě ve výstavbě a je připomínán jako filiální k farnímu kostelu Všech svatých ve vsi Malice, na jejíchž pozemcích byla na konci 13. století vystavěna Nová Plzeň. Ves Malice patřila k majetku kláštera v Chotěšově, jemuž však král Přemysl Otakar II. roku 1266 věnoval patronátní práva ke kostelům ve Staré Plzni. Nejstarší částí chrámu je presbytář; jeho výstavba spadá do období kolem roku 1350. Protože písemné zmínky o kostele jsou téměř o 50 let starší, existovala na tomto místě zřejmě ještě stavba starší. Další fázi výstavby reprezentuje trojlodí chrámu; jeho stavba započala po polovině 14. století, do výše římsy bylo zakončeno do první třetiny 15. století. Klenba chrámu je zřejmě dílem mistra Erharda Bauera z Eichstättu z první poloviny 15. století. Původní krov a střecha byly zničeny požárem kostela roku 1525. Obnova po požáru byla provedena již v podobě, která lépe odpovídala změněnému estetickému cítění

renesančního období. Kostel měl mít původně v západním průčelí dvě věže. Západní dvojice věží byla typická pro románské baziliky a na konci 13. století o ní mohlo být, v duchu staršího architektonického cítění, uvažováno. Ve století 14. již neodpovídala požadavkům doby a druhá věž proto nikdy nebyla dokončena. Hlavní vstup do chrámu v západním průčelí je zdoben gotickým hrotitým portálem s profilovanými oblouky, vystupujícími z vysokého soklu. Na konci 15., nejpozději na samém počátku 16. století byla přistavěna Šternberská kaple.

Původní stavba chrámu byla nad lodí zastřešena stanovou střechou, zakončenou sanktusovou věžičkou. Tuto podobu dokládá stavebně historický průzkum i vyobrazení kostela jak v iniciále z plzeňského graduálu Martina Stupníka z roku 1491, tak na fresce z dominikánského kláštera pravděpodobně

z roku 15010/20 (toto nejstarší vyobrazení Plzně je dnes druhotně umístěno v kapitulní síni františkánského kláštera). Po požáru v roce 1526 již stanová střecha nebyla obnovena. Nová střecha již měla renesanční podobu blízkou dnešnímu vzhledu, do něhož byla upravena roku 1837 po opětovném požáru krovu v roce 1835. Na konci 19. století prováděl poměrně rozsáhlé opravy kostela Pražský architekt Josef Mocker, zaměřený na romantické opravy gotických staveb. Také oltář v novogotickém pojetí byl v roce 1883 zhotoven na základě jeho návrhu. Na oltáři je umístěna opuková plastika **Plzeňské madony**, která je vynikajícím dílem z okruhu Mistra Krumlovské madony z doby kolem roku 1385. Tento okruh „krásných madon" úzce souvisel s dílem dvorského umění stavitele Pražského hradu a chrámu sv. Víta Petra Parléře. Madona, držící Ježíška s jablkem, je vysoká

strana 15:
Síťová a hvězdicová
klenba v chrámu sv.
Bartoloměje, po roce
1476

125 cm a udivuje mladistvou krásou a bohatě propracovaným splývavým šatem.

K jižní straně presbytáře je připojena **Šternberská kaple**, vynikající dílo pozdní gotiky, které bylo postaveno jako pohřební kaple panského rodu Šternberků.

Na počátku 20. století, v letech 1904 –1924, prováděl další opravy architekt Kamil Hilbert. Od r. 1924 je ve Šternberské kapli také umístěn secesní Český oltář s madonou a postavami sv. Václava a sv. Ludmily. Vznikl podle návrhu profesora Jana Kastnera a byl původně určen pro expozici pražské Umělecko-průmyslové školy na světové výstavě v Paříži roku 1900.

Převážně v letech 1892–1916 byla nově zasklena barevnými vitrážemi chrámová okna. Nejstarší jsou dílem vitrážisty Karla Meltzera, mladší byla navržena a vytvořena různými českými umělci. Donátory oken byli přední plzeňští měšťané, Emil Škoda, z organizací např. Spořitelna královského města Plzně či Zastupitelský okres plzeňský. Nejmladší z oken se nachází ve Šternberské kapli; darovalo je město Plzeň v roce 1995 k sedmistému výročí založení města. Všechna okna byla v letech 1991 až 1994 restaurována v rámci oprav pláště chrámu. Vitráže zpodobují světce, patrony Čech či biblické motivy – jmenujme např. scénu Golgota od malíře Josefa Mandla. Od 30. května 1993, kdy byla zřízena Plzeňská diecéze, je kostel sv. Bartoloměje katedrálním chrámem Biskupství plzeňského.

Plzeňská madona. Opuková socha ve stylu tzv. krásných madon z doby kolem roku 1385

Západní průčelí
františkánského
kláštera po barokní
přestavbě z let
1723–40

Františkánský klášter a klášterní kostel Nanebevzetí Panny Marie (2)

Bývalý františkánský klášter se nachází nedaleko hlavního náměstí v jihovýchodní části historického města. Počátky osídlení prostoru františkánského kláštera jsou archeologickými nálezy prokázány již ve třetí čtvrtině 13. století. Počátky stavebního provizoria lze tedy

předpokládat přibližně v 70. letech 13. století za vlády krále Přemysla Otakara II. Oblast na jihovýchodním okraji terasy řeky Radbuzy poblíž brodu přes řeku směrem k Praze, ale i Staré Plzni, byla pravděpodobně osídlena ještě před stavbou města. Klášter i kostel byly budovány v několika fázích. Nejstarší podobu provizorního konventu neznáme. Nejstarší částí je východní strana konventu, která byla vybudována kolem poloviny 14. století, v 80. letech pak byl konvent dokončen. Při obléhání města husity ve 30. letech 15. století byly kapitulní síň a konvent poničeny dobývacími praky. Kaple je vyzdobena freskovou výzdobou, v jednotlivých rámovaných polích je zobrazen život a umučení sv. Barbory. Freska byla zhotovena po roce 1460. Architektura ambitů je prostá. Žebra křížových kleneb vystupují ze stěn jednoduše formovanými hrotitými výběhy. Pouze ve starší východní části ambitu jsou na stěnách pruty svazkových přípor.

Klášterní komplex byl v 18. století upravován a přestavován Jakubem Augustonem. Ke konventu bylo přistavěno krátké západní křídlo a úpravami prošel celý areál s výjimkou ambitu a kaple sv. Barbory. V augustonovské podobě se

konvent dochoval až do nedávné doby, kdy bylo v části objektu vybudováno Muzeum církevního umění plzeňské diecéze, jako pobočka Západočeského muzea v Plzni. V jeho expozici jsou zpřístupněny architektonicky nejcennější části objektu, jako je kaple sv. Barbory, barokní knihovna a především klášterní ambit s křížovou klenbou.

Počátky stavby kostela spadají do období ihned po založení kláštera před koncem 13. století. Presbyterium klášterního kostela Nanebevzetí Panny Marie má podobu obvyklou u mendikantských řádů ve střední Evropě. Presbytář o délce 23 metrů je uzavřen pěti stranami osmiúhelníka a rytmizován sledem tří polí křížové klenby. Klenební žebra vybíhají z prostých oblých přípor ukončených mohutnými hlavicemi s výzdobou figurální i rostlinnou. Po roce 1300 výstavba kostela pokračovala budováním bazilikálního trojlodí. Místo původně zamýšlených čtverhranných pilířů, jejichž zbytky jsou v čele trojlodí, byly použity oblé sloupy, z nichž vycházejí oblouky klenby přímo, bez hlavic nebo říms. Kolem roku 1340 byly vybudovány meziloďní arkády a kostel byl pak kolem roku 1350 zaklenut prostou křížovou klenbou. Podlaha trojlodí byla

původně asi o metr níže než podlaha presbyteria, čímž byla zdůrazněna chórová část pro řádové bratry. Stavba je charakteristická pro vývoj české klášterní gotiky, která v tomto případě jednoduchostí podtrhuje prostoru žebravého řádu.

Při husitském obležení byl kostel spolu se sousedním konventem poničen a jeho opravy probíhaly zřejmě až po roce 1460, kdy byl klášter předán františkánům observantům. V roce 1611 byla na severní straně přistavěna kaple Nejsvětější Trojice, při níž byla tři severní okna zazděna. Na konci 16. století byla upravena podoba věže, která podle regulí řádu nesměla převyšovat střechu kostela. Do současné podoby byla věž dostavěna až v roce 1676. Kostel, stejně jako konvent v sousedství, byl poškozen dobýváním Plzně vojsky hraběte Mansfelda při obléhání v roce 1618. K severní lodi byla na východním konci přistavěna osmiboká kaple sv. Antonína Paduánského, sklenutá vznosnou kopulí s lucernou, uvnitř s rámovým oltářem s velkými akantovými rozvilinami. Zá-

padní průčelí kostela prováděl v letech 1723 až 1740 Jakub Auguston zároveň s úpravami konventu. Interiér kostela nicméně zůstal bez přestaveb v téměř původní středověké podobě. Vnitřní vybavení je z barokního období: hlavní oltář pochází z roku 1696, ústřední obraz Nanebevzetí Panny Marie od Františka Julia Luxe byl malován kolem roku 1700 jako kopie slavného Rubensova obrazu; nad ním je oválný obraz Nejsvětější Trojice. Na oltáři byla v roce 1692 osazena tzv. Františkánská madona, která napodobuje Plzeňskou madonu z katedrály sv. Bartoloměje. Na oltáři jsou umístěny sochy dalších světců – sv. Kláry, sv. Alžběty, sv. Františka, sv. Bernardina Sienského, sv. Bartoloměje a sv. Marka. Ve střední lodi je na pravé straně rokoková kazatelna od významného sochaře Lazara Widmana z roku 1740.

Ambity františkánského kláštera, dnes Muzeum církevního umění plzeňské diecéze s expozicí církevní plastiky

Renesanční radnice (3)

Plzeňská radnice, Giovanni de Statia, 1554–58. Sgrafitová výzdoba podle návrhů architekta Jana Kouly z let 1907–10

strany 22/23: Pohled z věže katedrály sv. Bartoloměje na východní stranu náměstí Republiky

Stavba plzeňské radnice, dominující severní straně náměstí Republiky, je vždy uváděna jako jeden z nejzřetelnější příkladů působení italských vlivů na městskou architekturu období renesance v Čechách.

Budova pro zasedání konšelů stála na dnešním místě na severní straně náměstí již od konce 15. století. Její špatný stav, způsobený požárem v roce 1507, a potřeba zajistit pro zasedání městské rady prostory odpovídající jejím rostoucím pravomocím byly důvody, které vedly k rozhodnutí postavit novou radniční bu-

dovu. Záměrem jistě bylo dát Plzni takovou stavbu, která by reprezentovala ekonomické možnosti, sílu a význam města a zároveň by ukazovala na vzdělanost a kulturní orientaci plzeňských měšťanů v době rozhodujícího vstupu renesančního stylu do české architektury.

V letech 1554 až 1558 tak vznikla budova, s jejímž monumentálním vzhledem s pravidelně komponovaným, výrazně horizontálně členěným průčelím a podle schematu suprapozice (tj. podle významu) zvýrazněnými patry přichází do Čech poprvé stavební typ toskán-

Jihozápadní část
náměstí s domem
U Dvou zlatých klíčů
a domem U Zlaté lodě
(vpravo)

ského městského paláce. Zajímavé je i vnitřní řešení radnice s rozlehlým mázhauzem v přízemí a honosným dvouramenným schodištěm do prvního patra. Novinkou přenesenou z Itálie je slavnostní radniční sál výškově prostupující dvě patra *(sala grande)*. Vnější podobě pak dominují vysoké, římsami a pilastry členěné a v obrysu zvlněné patrové boční štíty. Právě tento typ úpravy štítů je považován za charakteristický architektonický prvek české renesance a ve skromnější podobě se s ním setkáme i u dalších plzeňských staveb.

Za autora radnice je na základě archivních pramenů považován Giovanni de Statia, vlašský stavitel z Lugana, jehož předchozí působení v Čechách je spojeno s činností skupiny italských stavitelů, zedníků a kameníků na zámku v Kaceřově, budovaném od roku 1543 pro královského radu Floriana Gryspeka z Gryspachu. Právě s kaceřovským zámkem, stejně jako s další důležitou stavbou české renesance – Gryspekovým zámkem v Nelahozevsi – spojuje plzeňskou radnici řada blízce příbuzných architektonických forem.

Po dokončení radniční budovy se Statia v Plzni usadil a pokračoval zde ve stavební činnosti. K jeho stavbám patřil nejspíše i dům č. 77 na nároží Pražské a Rooseveltovy ulice, který vlastnil od roku 1579. Jsou mu přičítány také návrhy několika slohově vytříbených domovních portálů – variant s klasickými dórskými sloupy a kladím i portálů s toskánskými sloupy.

O starším vzhledu plzeňské radnice sice vypovídá řada fotografií z konce 19. století, podoba její původní sgrafitové výzdoby však není známa. Nynější sgrafita jsou výsledkem rekonstrukce, která proběhla v letech 1907 až 1910. Návrhy předložil a posléze sgrafita také vytvořil významný architekt české novorenesance Jan Koula. Představují témata související s Plzní – panovníky mající vztah k městu, městský znak a jeho části, alegorie zdejších řemesel, figury odkazující na funkci radnice (Právo, Spravedlnost, Pravda) a pole s doprovodnými nápisy.

Při prohlídce radnice stojí za shlédnutí model historického jádra Plzně, umístěný v zadní části přízemí.

24

Prohlídkové trasy městem

■ Malý vnitřní okruh

Plzeňské náměstí Republiky lze bez nadsázky považovat za učebnici architektury pod širým nebem. Setkáme se zde se stavbami, které poskytují názornou představu o slohovém vývoji architektury od vrcholného středověku po 20. století, od gotiky přes renesanci, barok a historizující styly až po funkcionalismus. Kolem rozlehlého náměstí – svými rozměry 193x139 metrů jednoho z největších v Čechách – byly již při založení města pravidelně vyměřeny úzké, dovnitř domovních bloků protažené parcely, které dodnes určují rytmus domovních front kolem náměstí. Náměstí s okolní domovní zástavbou je jádrem městské památkové rezervace, vyhlášené roku 1989, a tvoří její nejcennější část. Prohlídku začneme před nejvýznamnější budovou z obvodové zástavby náměstí, radnicí. Renesanční tzv. **Císařský dům**

(č. 41, dnes sídlo Magistrátu města Plzně) **(4)** v jejím sousedství vznikl na přání císaře Rudolfa II. a z příkazu české komory v letech 1606 až 1607 sloučením a přestavbou dvou starších domů. Rozlehlá stavba, zbudovaná zřejmě císařským stavitelem Juanem Maria Filippim, měla sloužit jako panovníkova mimopražská rezidence, nebyla však k tomu účelu nikdy využita. Vedle původních renesančních portálů je zajímavostí i drobná kamenná socha rytíře Rolanda z poloviny 17. století, obecně zvaná Žumbera. Na dům byla umístěna roku 1919; do roku 1891 zdobila jednu z kašen na náměstí.

V prostoru mezi Císařským domem a chrámem sv. Bartoloměje neunikne pozornosti **mariánský morový sloup (5)**, dílo sochaře Kristiána Widmanna. Sloup, vztyčený v letech 1680–1681 jako výraz díků za odvrácení morové epidemie, nese na vrcholu barokní zlacenou repliku Plzeňské madony, dole jej lemují

sochy světců; část z nich na balustrádě však vznikla až roku 1714.

K nepřehlédnutelným stavbám na západní straně náměstí patří dům **U Červeného srdce** (č. 36) **(6)**. Průčelí obytného a obchodního domu, projektovaného a zbudovaného ve stylu české novorenesance známým plzeňským stavitelem Rudolfem Stechem roku 1894, zdobí barevná sgrafita navržená Mikolášem Alšem, jedním z nejproslulejších českých výtvarných umělců závěru 19. století. Monumentální postavy rytířů na koních mají připomínat středověké turnaje, pořádané na plzeňském náměstí.

Sousední budova **arciděkanství** z doby kolem roku 1710 (č. 35) **(7)**, dnes sídlo Plzeňské diecéze a biskupství, je vrcholným dílem architekta a stavitele Jakuba Augustona, nejvýznamnějšího představitele plzeňského baroku. Množstvím detailů i barevností působivá pětiosá dvoupatrová fasáda, spjatá pilastry vysokého řádu a zakončená dynamicky zvlněnými štíty, představuje v plzeňském prostředí ojedinělý typ palácového průčelí. Reprezentativní vzhled a monumentalitu stavby umocňuje předstupující velký kamenný vstupní portál. (Další Augustonův portál ze zbořeného Guldenerovského domu najdeme na budově Studijní vědecké knihovny v ulici Bedřicha Smetany.)

Vedle arciděkanství nelze minout rozsáhlou budovu **hotelu Central** (dříve

Ural, č. 33) z let 1967–1972 (8). Stavba podle projektu Jaroslavy a Hynka Gloserových je i přes svoji architektonickou hodnotu spíše mementem bezohledných ideologických snah o nahrazení „bezcenných" historických památek moderní socialistickou architekturou.

Dům U Zlaté lodi na nároží druhé části západní domovní fronty (č. 32) a další dům (č. 31) jsou dílem rakouského architekta a zastánce historizujícího proudu v architektuře Ludwiga Tremmela. S historizujícími neobarokními fasádami Tremmelových projektů kontrastuje strohý kubický vzhled následujícího domu **U Dvou zlatých klíčů** (č. 28) z let 1930 až 1932 (9). Budova, jejíž hladké symetrické průčelí obložené travertinem

projektoval plzeňský architekt Bohumil Chvojka, je hodnotnou ukázkou meziválečné funkcionalistické architektury. Architektonicky zajímavá a jediná toho typu v Plzni je široce do náměstí otevřená přízemní obchodní pasáž, původně se vstupem do kina v podzemí.

Na ploše náměstí před domem poutá pozornost Chrtice, první z trojice moderních kašen z černé žuly, plněných vodou z monumentálních kovových zlacených chrličů – plastik, symbolizujících figury z plzeňského městského znaku; chrtici, velblouda a anděla. Autorem kašen, které v době vzniku v roce 2010 vzbudily u plzeňské veřejnosti kontroverzní názory, je pražský architekt Ondřej Císler.

Od kašny lze sledovat další funkcionalismem ovlivněné dílo architekta Bohumila Chvojky – průčelí tzv. **Weinerova domu** (č. 22) na jižní straně náměstí, které je výsledkem přestavby staršího renesančního domu v letech 1928 až 1931 (10). Kompozice a hmoty strohé domovní fasády jsou citlivě řešeny ve vztahu k okolní historické architektuře. Dům je proto považován za příklad úspěšného uplatnění památkářských zásad při včleňování novostaveb do historické zástavby. V návaznosti na přestavbu domu vznikly ve druhém a třetím patře jedny z nejhodnotnějších ze souboru plzeňských interiérů, navržených počátkem 30. let proslulým architektem Adolfem Loosem a jeho spolupracovníky. Z původního domu zůstal dochován ve vstupu do přízemní chodby osazený renesanční bosovaný portál se znakem Ludmily Kašpárkové z Lovče. Celkovou představu o starší podobě domu před přestavbou zprostředkovává vzhledem shodné „dvojče" – sousední dům (č. 23, dnes Muzeum loutek), jehož stupňovitý štít s kamennými plastikami lvů a gryfů zřetelně prozrazuje inspiraci architekturou saské renesance.

Zájemcům o secesní architekturu doporučujeme před další prohlídkou náměstí krátkou odbočku do ulice Bedřicha Smetany. V členění a v reliéfní

výzdobě průčelí dvou na protilehlých stranách ulice vybudovaných činžovních domů (č. 3 a 4) se prolínají klasicistní prvky a ornament se secesními rostlinnými motivy ve stylu blízce připomínajícím tvorbu předního představitele počátků vídeňské secese Otto Wagnera. Autorem projektů obou staveb je Wagnerův žák František Krásný, rodák z Koterova u Plzně. Domy vznikly v letech 1898–1899 a představují první z projevů signalizujících nástup secesního stylu nejen v Plzni, ale v Čechách vůbec.

Po návratu na náměstí sledujeme jižní domovní frontu s trojicí domů s renesančně členěnými zbarokizovanými fasádami a štíty. Na domě č. 21 neopomineme prohlédnout honosný domovní portál tzv. edikulového typu, se dvěma kanelovanými sloupy podpírajícími kladí s reliéfními akantovými rozvilinami. Portál je doložitelně dílem kameníka Jana Merliana, přední osobnosti ze skupiny severoitalských stavitelů, zedníků a kameníků, kteří se ve 2. polovině 16. století podíleli na renesanční přeměně Plzně. Jinou stylovou fázi plzeňské architektury pak zastupuje nárožní dům, někdy zvaný jako Principálovský (č. 16), se symetrickým empírovým průčelím rytmicky děleným vysokým pilastrovým řádem a završeným širokým tympanonem. Úprava domu, včetně mohutného portálu, pochází z doby kolem roku 1825.

Protilehlému nároží vévodí objemná hmota nájemného a obchodního domu č. 15, projektovaného v modernistickém stylu architektem Aloisem Dryákem v letech 1909 až 1911. Na straně do Zbrojnické ulice je ve výši prvního patra osazen keramický reliéf s figurální alegorií Čtvero ročních období – rané dílo významného českého sochaře Josefa Drahoňovského.

Východní straně domovní fronty dominuje dvojice renesančních domů s vysokými patrovými štíty. První z nich, tzv. **Chotěšovský** (č. 13, dnes sídlo Západočeského muzea – Národopisného muzea Plzeňska) (11), je pojmenován podle kláštera v Chotěšově u Plzně, který dům v 15.–18. století vlastnil. Dvoupatrový dům s polopatrem zůstal dochován v téměř nezměněné podobě z 2. poloviny 16. století, s kamenným vstupním portálem a s mohutným štítem, děleným sloupky a římsami. Domovní dvůr, přístupný průjezdem, uzavírá zadní trakt s jedinečně dochovanou jednopatrovou renesanční lodžií, nesenou toskánskými sloupky. Pamětní deska na domě připomíná Ladislava Lábka, zakladatele Národopisného muzea Plzeňska a významnou osobnost českého muzejnicví.

Průčelí vedlejšího, tzv. **Valdštejnského domu** (č. 12) (12), zabírajícího prostor dvou domovních parcel, bylo ve 30. letech 18. století barokně upraveno a opatřeno plochými pilastry s korintskými hlavicemi, štukovými podokenními reliéfy a rozložitým portálem. Vysoké dvoupatrové štíty si však v členění a obrysu zachovaly původní vzhled a lze na ně poukázat jako na charakteristický prvek české renesance, zvláštního stylového projevu, v němž se ve 2. polovině 16. století smísily prvky italského a německého renesančního stavitelství s domácí tradicí. Dům je zajímavý rovněž z historického pohledu, neboť v něm počátkem roku 1634 s doprovodem pobýval generalissimus Albrecht z Valdštejna před svým osudným odjezdem do Chebu.

Zahneme-li do Dřevěné ulice, dojdeme k další vynikající památce dokládající hodnoty plzeňské gotické, renesanční a barokní architektury. Tzv. **Gerlachovský dům** (č. 4) (13) nese jméno význačného plzeňského hudebního skladatele, učitele hudby a tance Josefa Gerlacha, který v domě od roku 1839 žil. Od roku 1912 byl dům zakoupen městem a zrekonstruován pro účely Národopisného muzea Plzeňska, jehož expozice zde dodnes sídlí. Současný vzhled domu prozrazuje, že vznikl spojením dvou středověkých domů, přičemž pozůstatkem této nejstarší stavební fáze je pozdně gotický hrotitý portál z poslední čtvrtiny 15. století. Po roce 1566 dům vlastnil a do renesanční podoby přestavěl stavitel a kameník Jan Merlian. Jeho

29

dílem je také bohatě členitý a reliéfně zdobený portál s kanelovanými pilastry, jak dokládá monogram IM v rollwerkové kartuši a letopočet 1575 ve vrcholu oblouku. Nástavec portálu z roku 1607 pak nese znak dalšího majitele, Jana Kotorovského ze Lvovan. Dům byl zřejmě značně poškozen při dobytí Plzně generálem hrabětem Arnoštem z Mansfeldu 1618, kdy jeho vojsko proniklo do města právě Dřevěnou ulicí. K důkladné opravě a barokním úpravám obou domů poté došlo až po roce 1696 při přestavbě, jíž jako svým prvním dílem zahájil stavitelskou činnost v Plzni Jakub Auguston ml. Průčelí domu bylo obohaceno o štukové reliéfy, novým štítem byla výrazně změněna i celková silueta stavby.

Po návratu na náměstí pokračujeme prohlídkou severovýchodní rohu náměstí. Pozornosti by neměl uniknout měšťanský dům U Černého orla (č. 9), přestavěný kolem roku 1860 v romantizujícím neorománském stylu, v přízemí s trojicí původních bosovaných renesančních portálů, či sousední dům U Božího oka (č. 8) s barokní fasádou z doby kolem 1750. Není bez zajímavosti, že v tomto domě žil od roku 1839 Hynek Schreiner, děd sudetoněmeckého politického činovníka JUDr. Gustava Schreinera (1847–1922), zastánce a podporovatele agrárních, školských i kulturních zájmů německého obyvatelstva v jihozápadních Čechách.

Následující vysoká čtyřpodlažní stavba domu **U Bezděků** (č. 7) **(14)** vznikla v letech 1906 a 1907 podle plánů významného představitele české architektury pozdního historismu architekta Kamila Hilberta. Hilbertova zkušenost s rekonstrukcemi historických, především církevních památek – jeho nejznámějším dílem je dostavba katedrály sv. Víta v Praze – se odrazila i v podobě domu, považovaného za nejzdařilejší projev neogotického stylu v Plzni. Průčelí vybíhající do trojice štítů s přetínavými žebry je v prvním patře doplněno plastickou figurální výzdobou, jejímž autorem je přední představitel české secesní sochařské tvorby Stanislav

Sucharda. Na pozadí u nohou vlevo stojí-
cího muže s pokladnicí lze spatřit po-
dobu pozdně gotického domu s dvěma
vysokými trojúhelnými štíty z doby po
roce 1527, na jehož místě novostavba
vznikla.

Okružní prohlídku hlavního plzeň-
ského náměstí zakončíme u kašny
s chrličem – andělem. Od ní si lze pro-
hlédnout nárožní dům č. 6 v severní
domovní frontě se sloupovým portálem
z doby kolem roku 1578, za jehož au-
tora je považován stavitel radnice Gio-
vanni de Statia. Současný vzhled domu
se štukovými reliéfními mušlemi
v suprafenestrách, s vysokým řádem
s korintskými hlavicemi a rokaji a s kon-
zolovou římsou je výsledkem úprav
z doby kolem roku 1760. Bohatá roko-
ková výzdoba kontrastuje se strohou,
o půl století mladší úpravou sousedního
empírového domu č. 5.

Renesanční portál domu U Salzmannů, Jan Merlian, 1584

◼ Vnější okruh – procházka okružními sady

Kašna Anděl je výchozím bodem velkého prohlídkového okruhu, který seznamuje zejména se stavbami, jež koncem 19. a na počátku 20. století vznikaly při okružních sadech. Podobně jako řada jiných evropských měst – jako snad nejznámější příklad uveďme Vídeň a její Ringstrasse – se i Plzeň začala ve 2. čtvrtině 19. století uvolňovat ze sevření středověkých městských hradeb a zbavovala se barokního opevnění. Na místě zbořených hradeb, bastionů a zasypaných příkopů tak postupně vznikaly okružní sady a parky, v návaznosti na ně pak i reprezentativní novostavby, určené většinou pro kulturní účely.

Z výchozího místa směřujeme do Pražské ulice, v níž mineme dům **U Salzmannů** (č. 8) **(15)**, proslulý především tradiční pivnicí. Do ní se vstupuje

strany 32/33: Fasády na západní straně náměstí Republiky s domy U Černého orla, U Božího oka a U Bezděků (zprava)

renesančním bosovaným portálem, který je jedinou původní částí starší stavby. Dle vročení vznikl v roce 1584 a je dalším vynikajícím dílem kameníka Jana Merliana. Jiný bosovaný portál, který je patrně dílem Jana Dragina, dalšího z Italů působících v Plzni ve 2. polovině 16. století, rámuje vstup do renesančního domu č. 13 na protější straně ulice. V něm má své výstavní prostory Západočeská galerie. Vlevo, v boční Perlové ulici, zaslouží pozornost nevelký dům č. 6, zvláštní předsunutým patrem neseným čtveřicí krakorců a sloupky toskánského typu, v přízemí s dochovaným kamenným ostěním kupeckého krámu.

Na nároží Perlové a Pražské ulice stojí v jádře ještě renesanční dům **U Bílého lva** (č. 15) **(16)**. Představuje hodnotný příklad plzeňské klasicistní architektury z doby kolem roku 1800. Úprava fasády, obrácené středovým rizalitem s lodžií do Pražské ulice, je připisována zdejšímu staviteli Šimonu Michaelu Schellovi. Při ní zůstal zachován rozložitý renesanční edikulový portál se dvěma párovými kanelovanými sloupy a bohatou kamenickou dekorací, s největší pravděpodobností dílo stavitele plzeňské radnice Giovanniho de Statia z doby před rokem 1584.

V sousedství domu se tyčí čtyřboký hranol **vodárenské věže (17)**, jejíž stavba je doložena k roku 1541. Suterénní vnitřek věže s dochovanou částí čerpacího stroje a rekonstrukcí vodního kola z 19. století je přístupný v rámci prohlídky plzeňského podzemí (vstup z Pivovarského muzea ve Veleslavínově ulici). Jinou stavbou sloužící veřejným účelům byly protilehlé tzv. **Masné krámy**, dnes výstavní síň Západočeské galerie **(18)**. Již před polovinou 16. století zbudovaný objekt masných krámů byl novogoticky upraven v roce 1856, dnešní podoba je výsledkem rekonstrukce pro galerijní účely, dokončené roku 1972.

Pod Masnými krámy vstoupíme na částečně zasypaný most, který byl součástí středověkého vstupu do města Pražskou bránou. Vlevo se otvírá pohled na mo-

derní rekonstrukci části tzv. Mlýnské
strouhy, původně součásti opevňovacího systému Plzně. Jejím zasypáním
v letech 1921 a 1922 vznikl široký pás
Křižíkových a Šafaříkových sadů. Kolem sochy sv. Jana Nepomuckého z roku
1685, která kopíruje známou barokní
světcovu plastiku z Karlova mostu
v Praze a původně zdobila starý most
přes Radbuzu, projdeme k proluce mezi
Dřevěnou a Zbrojnickou ulicí, v níž je
viditelný úsek středověkých městských
hradeb. Monumentální malba Theatrum mundi na boční zdi domu představuje události a postavy spjaté s Plzní
a její historií – panovníky, purkmistry,
podnikatele či kulturní osobnosti.
Atraktivní výjev na ploše více než 200
m² vytvořili v roce 2001 plzeňští umělci
Vladivoj Kotyza a Vladimír Čech.
K dominantním stavbám v parkovém
okruhu patří budova **Západočeského
muzea (19)**, vzniklá v místě jihovýchodního ohybu městských hradeb v letech 1897 až 1900. Novorenesanční

budovu s dvěma dlouhými křídly
projektoval pro potřeby historického
a uměleckoprůmyslového muzea tehdejší
muzejní ředitel, architekt Josef Škorpil.
Na konečném vzhledu kamenických
článků fasády i vnitřních štukových secesních reliéfů se podílel profesor pražské Uměleckoprůmyslové školy Celestýn Klouček se svými studenty.
Kloučkovým dílem je také vstupní portál s alegorickými postavami keramického řemesla v historii a moderní sou
časnosti, které symbolizovaly zaměření
obou muzejních institucí. Z vnitřní výzdoby si pozornost zaslouží rovněž
dvoudílný reliéf Dívčí válka, rozměrné
dílo sochaře Vojtěcha Šaffa z roku 1900,
umístěné na hlavním schodišti, a lunety
významného malíře Augustina Němejce
v tzv. Jubilejním sále ve druhém patře.
V Kopeckého sadech navazuje na křídlo
muzejní budovy objekt Spořitelny města
Plzně (č. 4 dnes Česká spořitelna), jejíž
modernistický vzhled je výsledkem přestavby podle návrhu architekta Bedři-

cha Bendlmayera z roku 1915. Plastiky Spořivosti a Hojnosti nad průčelím s antikizujícím sloupovím vytvořil Josef Kalvoda. Kopeckého sady nesou jméno Martina Kopeckého, plzeňského purkmistra, jenž se během své funkce v letech 1828 až 1850 velkou měrou zasloužil o rozvoj a zvelebení města. Jeho pomník, vytvořený převážně v Praze působícím sochařem Antonínem Wildem, byl ve středu sadů odhalen roku 1861.

Proti pomníku stojící novorenesanční budova **Měšťanské besedy** (20) od architekta Aloise Čenského pochází z let 1900 až 1901 a patřila tehdy k nejhonosnějším a funkčně nejlépe vybaveným stavbám tohoto účelu v Čechách. Na její bohaté vnější i vnitřní sochařské a malířské výzdobě se podíleli četní soudobí umělci – sochaři Josef Pekárek (plzeňský pár a dudák v přízemí) a Antonín Popp (alegorie *Svornost* a *Ušlechtilosti* na atice) či malíři Laďa Novák (*Koncert* a *Přednáška* na

fasádě) a Viktor Oliva (výzdoba velkého sálu).

Okruh pokračuje Smetanovými sady, jejichž severní stranu z velké části tvoří průčelí dnešní Studijní a vědecké knihovny Plzeňského kraje. Roku 1782 zrušený barokní klášter dominikánek byl na počátku 19. století klasicistně přestavěn Šimonem Michaelem Schellem pro potřeby premonstrátského gymnázia a filosofického ústavu. V pravém rizalitu s věží vznikla tzv. Branka, do níž byly začleněny zbytky bývalé Litické brány, dnes opět znovuobjevené archeologickým výzkumem. Původnímu sakrálnímu účelu tak dosud slouží jen **kostel sv. Anny** (21), přiléhající ke klášteru. Dvouvěžová stavba na nároží ulic Bezručova a Bedřicha Smetany je posledním projektem Jakuba Augustona ml. a prozrazuje architektův zájem o prvky dynamického barokního stylu. Kostel byl vysvěcen roku 1735. Vyniká rovněž vnitřní výzdobou, zejména umělecky hodnotným cyklem nástropních

fresek se světci a světicemi dominikánského řádu, jehož autorem je plzeňský malíř František Julius Lux.

Gymnázium v bývalé klášterní budově sídlilo až do roku 1926. Z osobností, jejichž učitelská a vědecká činnost s ním byla spojena, jmenujme především matematika a filologa Josefa Vojtěcha Sedláčka či přírodovědce, fyzika a historika Josefa Františka Smetanu. Od roku 1809 zde působil také mnohostranně vzdělaný premonstrát Josef Stanislav Zauper, obdivovatel a přítel Johanna Wolfganga Goetha a učitel skladatele Bedřicha Smetany, který zde středoškolská studia absolvoval v roce 1843.

Kolem pomníku Josefa Františka Smetany (bratrance slavného Bedřicha Smetany), vytvořeného roku 1874 Tomášem Seidanem, projdeme směrem k **Divadlu J. K. Tyla (22)**. Jeho rozložitá budova s postranními terasami stojí v nejvyšším bodě okružních sadů, při křižovatce Klatovské ulice a Smetanových sadů. Projekt městského divadla vznikl pro potřeby rozvíjejícího se pl-

zeňského divadelního souboru jako výsledek soutěže vyhlášené městem roku 1896, jíž se společným projektem s Františkem Krásným účastnil i věhlasný vídeňský architekt Josef Hoffmann. Oceněn a po úpravě vybrán však byl novorenesanční návrh architekta Antonína Balšánka, s jehož jménem je spojena především pozdější reprezentativní stavba pražského Obecního domu. Divadlo královského města Plzně bylo slavnostně otevřeno 27. září 1902 představením opery *Libuše* od Bedřicha Smetany. Budova se honosí nejen bohatou vnitřní výzdobou foyeru a hlediště, již korunuje opona s námětem *Plzeň vítá uměny na prahu nového divadla* od Augustina Němejce. Budovu dotváří i vnější sochařská výzdoba: na pylonech po stranách průčelí alegorická sousoší *Drama* a *Opera* od Ladislava Šalouna, nad okny ve výsečích oken pak skupiny *Láska a Žárlivost*, *Nadšení a Obětavost* a *Hrdinství a Osud*. Na fasádách se nacházejí kruhové medailony s portréty

předních osobností dramatické a hudební tvorby. Plzeňskou kulturu zde zastupují Hynek Palla, hudební skladatel, sbormistr zdejšího pěveckého spolku Hlahol a autor publikace *Die Erfolge der Kunst in Pilsen* (Úspěchy umění v Plzni), či libretista a spisovatel Bernard Guldener.

Severně od divadla se v sadech Pětatřicátníků tyčí vysoké dvouvěžové cihlovo-omítkové průčelí **Velké synagogy (23)**. Stavba v neorománském slohu doplněném dekorativními prvky čerpajícími z maurského umění, s deskami Smlouvy na vrcholu lomeného štítu střední části, je první plzeňskou realizací stavitele Rudolfa Stecha z let 1890 až 1893. Štech navázal a rozpracoval původní plány ve Vídni působícího „architekta synagog" Maxe Fleischera; vznikl tak plně funkční trojlodní prostor s modlitebnou a s ženskými galeriemi. Svými rozměry je synagoga druhou největší synagogou v Evropě. Díky výborné akustice je dnes využívána především jako koncertní síň.

Velkou část protilehlé fronty sadů Pětatřicátníků – nazvaných podle bývalých kasáren legendárního plzeňského 35. pěšího pluku, zbořených v roce 1969 – tvoří široce rozložená hmota budovy, která až do roku 1949 sloužila za sídlo Obchodní a živnostenské komoře v Plzni (č. 14, dnes Právnická fakulta Západočeské univerzity v Plzni). Stavba s věžovitým nárožím a trojicí štítů ve stylu české novorenesance je společným projektem architekta Ladislava Skřivánka a prezidenta komory Josefa Houdka.

Prešovskou ulicí se vracíme zpět na náměstí Republiky. Po pravé straně míjíme dvoupatrový nárožní dům U Zlatého slunce (č. 7, dnes sídlo Národního památkového ústavu). Starší stavbu upravil roku 1777 v pozdně barokním stylu plzeňský stavitel Antonín Barth a přeměnil ji tak na honosný městský palác, který upoutá především velkou nikou se štukovou zlacenou výzdobou, která dala domu jméno. O stylovém rozpětí tvorby Antonína Bartha vypovídá i sousední, o čtvrt století mladší klasicizující dům

strana 45:
Jubilejní brána –
vstup do plzeňského
pivovaru Plzeňský
Prazdroj, stavitel
Emanuel Klotz, 1892

U Zlatého lva (č. 5). Z kulturně-historického pohledu je zajímavý i další dům č. 3, v němž žil a roku 1856 zemřel novinář, spisovatel a dramatik Josef Kajetán Tyl, autor písně *Kde domov můj,* tedy textu české hymny.

■ Mimo historické centrum

Průmyslový rozvoj a prosperita města přinesly v závěru 19. století výrazné změny v urbanismu a architektonické podobě Plzně. Na rozšiřujících se a nově vznikajících předměstích vyrůstaly vedle běžných činžovních domů jak stylově vytříbenější soukromé stavby, tak moderně řešené objekty sloužící správním účelům a potřebám veřejného života.

Příkladem sídla plzeňských podnikatelských vrstev je dům rodiny Hahnenkamovy a Škodovy na Klatovské třídě (č. 8, dnes v majetku města), jehož starší novogotickou podobu podle návrhu Moritze Hinträgera z let 1864 až 1866 na konci století stylově doplnila dostavba zakladatele plzeňského strojírenství Emila Škody.

K památkám ve stylu historismu patří také novorenesanční vstupní, tzv. Jubilejní brána **plzeňského pivovaru (24)**, zbudovaná plzeňských stavitelem Emanuelem Klotzem roku 1892. Novorenesanční architekturu reprezentuje v Plzni také stavba hlavního nádraží (původně c. k. Centrální nádraží císaře a krále Františka Josefa I.) s prostorným vestibulem s kupolí. Jeho původní podoba z let 1902–1908 byla částečně změněna úpravou z roku 1956, se sochařskou a malířskou výzdobou v duchu socialistického realismu.

Průkopnickým projektem v širším kontextu české secesní architektury se stala **vila Karla Kestřánka** na Karlovarské třídě (č. 70) z let 1897 až 1898 **(25)**. Do návrhu Františka Krásného, žáka Otto Wagnera, se zřetelně promítlo poučení počátky vídeňské secese. Hmota stavby s dominantní schodišťovou věží zakončenou kupolí i vnější štuková výzdoba

ulici především činžovní domy v Hálkově ulici (č. 34 a 36) z roku 1905.

Vlivy pozdní německé secese se odrazily v novostavbě komplexu dominikánského kláštera a kostela Panny Marie Růžencové na Jiráskově náměstí, realizované v letech 1912 a 1913 podle projektu Antona Möllera, architekta působícího převážně v severočeském Varnsdorfu či v hmotné budově Německé obchodní akademie Františka Josefa I. v Nerudově ulici (č. 33 dnes Střední odborná škola obchodu a užitého umění), jejímž autorem byl v letech 1905 a 1906 August Helmar von Tetmajer.

K nejhodnotnějším architektonickým památkám Plzně 20. století patří jistě tvorba světoznámého architekta **Adolfa Loose**. Řada jeho návrhů interiérů pro plzeňské objednavatele vznikla v letech 1928 až 1932. Byty pro zdejší podnikatele vznikaly zpravidla úpravou starších prostor, k nejzajímavějším patří obytné prostory pro manžele Voglovy na Klatovské ulici 12, pro Hugo Semlera na Klatovské ulici 19 či pro rodinu Krausových v Bendově ulici 10. Vrcholnou ukázkou Loosova pojetí architektury je

Vila Karla Kestřánka, architekt František Krásný, 1897/98

Železniční zastávka Plzeň-Jižní předměstí a secesní domy v Hálkově ulici

však výrazně utrpěly vybudováním nové komunikace i necitlivým restaurováním. V osobitém pojetí reagoval na secesi plzeňský stavitel Karel Bubla, jehož tvorbu s plasticky modelovanými figurálními a organickými dekorativními prvky reprezentují vedle domu č. 7 v Dominikánské

přestavba obytného domu manželů Brummelových na Husově třídě 58 z let 1927 až 1929. Současně se strohou hranolovou přístavbou byla v patře realizována náročně vybavená jídelna a obývací pokoj s charakteristickými dřevěnými obklady, vestavěným mobiliářem a s replikou kamenného historického krbu.

K výrazným projevům modernismu dvacátých let patří četné projekty veřejných staveb architekta Hanuše Zápala, například Masarykova škola na Jiráskově náměstí 10 či Vyšší hospodářská škola na Karlovarské třídě 50 (dnes Lékařská fakulta v Plzni, UK Praha). Podobnou stylovou linii sledují i budovy navržené Františkem Roithem, jak ukazuje blok budov finančních úřadů ve Škroupově ulici (dnes Krajský úřad Plzeňského kraje) z let 1924 až 1927.

Funkcionalismus je v Plzni zastoupen objektem komplexu bývalého kina Elektra, obytného a obchodního domu na nároží Americké a Škroupovy ulice (č. 1, 3) podle projektu Rudolfa Černého z let 1930 až 1932. Funkcionalistické tendence reprezentují v nejčistší formě návrhy architekta Václava Neckáře, např. řadový dům v ulici Kardinála Berana 15, či Leo Meisela, jehož vila v Žižkově ulici 29 je jednou z architektonicky hodnotných staveb ve čtvrti Bezovka.

Obraz Plzně jako města s památkově chráněnou starší architekturou a s hodnotnými objekty z 20. století dnes doplňují stavby, které se snaží reagovat na současné tendence. Ze nejnovější architektury sloužící nejen plzeňské veřejnosti tak zaslouží zmínku alespoň budova Onkologického centra v areálu Fakultní nemocnice na Lochotíně či novostavba Fakulty designu a umění Ladislava Sutnara v campusu Západočeské univerzity v Plzni. A konečně by pozornosti návštěvníků Plzně nemělo uniknout ani Nové divadlo, Palackého náměstí 30, otevřené v září roku 2014.

Literatura (výběr)

Bernhardt, Tomáš/Domanická, Jana/Domanický, Petr: Plzeň I. Historické jadro. Praha: Paseka 2014

Bernhardt, Tomáš, Domanický, Petr et al.: Plzeň. Průvodce architekturou města od počátku 19. století do současnosti/Pilsen. Guide through the architecture of the town from the beginning of the 19th century to present day. Plzeň: NAVA – Nakladatelská a vydavatelská agentura 2013

Česal, Aleš: Tajemná města – Plzeň. Praha: Regia 2004

Domanický, Petr/Jedličková, Jaroslava: Plzeň v době secese. Plzeň: NAVA 2005

Domanický, Petr/Jindra, Petr: Loos – Plzeň – Souvislosti. Plzeň: Západočeská galerie 2011

Douša, Jaroslav/Malivánková Wasková, Marie et al.: Dějiny města Plzně I. Do roku 1788. Plzeň: Statutární město Plzeň 2014

Fajt, Jiří (ed.): Gotika v západních Čechách (1230–1530)/Gothic Art and Architecture in Western Bohemia/Gotik in Westböhmen. Praha: Národní Galerie v Praze 1995

Frýda, František (ed.): Západočeské muzeum v Plzni 1878–2008/West Bohemian Museum in Pilsen/Das Westböhmische Museum in Pilsen. Plzeň: Euroverlag 2008

Hykeš, František/Peřinová, Anna/Pflegerová, Štěpánka et al.: Plzeňská podzemí. Plzeň: NAVA 2014

Janáček, František et al.: Největší zbrojovka monarchie. Škodovka v dějinách, dějiny ve Škodovce. 1859–1918. Praha: Novinář 1990

Janouškovec, Jiří/Kejha, Josef: Zmizelá Plzeň. Plzeň: NAVA 2010

Lábek, Ladislav: Potulky po Plzni staré i nové I–V. Plzeň: Společnost pro národopis a ochranu památek 1930–1931

Mencl, Václav: Plzeň. 7 kapitol z její výtvarné minulosti. Plzeň: Krajské nakladatelství 1961

Martinovský, Ivan a kolektiv: Dějiny Plzně v datech. Od prvních stop osídlení až po současnost. Praha: Nakladatelství Lidové noviny 2004

Soukup, Jan: Katedrála svatého Bartoloměje v Plzni. Plzeň: Reklamní agentura David a Jakub 2012

Vyšší hospodářská škola (dnes Lékařská fakulta v Plzni, UK Praha), architekt Hanuš Zápal, 1923/24

Seznam ilustrací:

Dirk Bloch, Stadtplanerei BLOCHPLAN, Berlin: předsádka

Robert B. Fishman, ecomedia: 2, 6/7, 32/33, 40/41

Herder-Institut, Marburg, Bildarchiv: 10, 11

Radovan Kodera, Plzeň: přední strana obálky, 5, 12, 14–21, 24/25, 26–31, 34–39, 43–47

Universitätsbibliothek Würzburg (signatura: UB Würzburg Delin.VI,23): 4

Tobias Weger, Oldenburg: 22/23, zadní strana obálky

Západočeské muzeum v Plzni: 8, 9, předsádka zadní

Bibliografická informace Německé národní knihovny Německá národní knihovna uvádí tuto publikaci v Německé národní bibliografii; detailní bibliografické údaje jsou dostupné z: http://dnb.dnb.de

1. vydání 2015
ISBN 978-3-7954-2850-1
Tato publikace je 282. svazkem ediční řady „Velké průvodce uměním" našeho nakladatelství. Založili: Dr. Hugo Schnell † a Dr. Johannes Steiner †.

© 2015 Verlag Schnell & Steiner GmbH, Leibnizstraße 13, D-93055 Regensburg
Telefon: (0941) 78785-0
Telefax: (0941) 78785-16

Redakce: Tanja Krombach, Deutsches Kulturforum östliches Europa

Lektorát: Daniela Blahutková, Plzeň

Sazba a tisk: Erhardi Druck GmbH, Regensburg

Další informace k programu nakladatelství naleznete na: www.schnell-und-steiner.de

Obálka, přední strana:
Pohled na katedrálu sv. Bartoloměje na náměstí Republiky, vpravo jedna ze studen podle návrhu Ondřeje Císlera

Obálka, zadní strana:
Pohled z katedrály sv. Bartoloměje na Velkou synagogu

Předsádka:
Plzeň, plán města s legendou

Předsádka zadní:
Veduta zobrazující dobytí Plzně stavovským vojevůdcem hrabětem Mansfeldem roku 1618.
Autor Johann Hauer, kolem 1620, tisk Simon Halbmayer, Norimberk

Svazek 8 řady „Velkých uměleckých průvodců Postupimské knihovny východní a střední Evropy" ve spolupráci s Německým kulturním fórem střední a východní Evropy. Německé kulturní fórum střední a východní Evropy podporuje pověřenkyně spolkové vlády pro kulturu a média na základě rozhodnutí Německého spolkového sněmu.

Die Beauftragte der Bundesregierung für Kultur und Medien

Watto Fluuius.